# DER GEGENSTAND UND DIE NATUR DES KAUFMÄNNISCHEN ZURÜCKBEHALTUNGSRECHTS

## EIN BEITRAG ZUR LEHRE VOM RECHTSBEGRIFF DER SACHE UND DES WERTPAPIERS

VON

DR. IUR. ALFRED BUTTER

LEIPZIG
VERLAG VON VEIT & COMP.
1914

Leipziger juristische Inauguraldissertation

Druck von A. Th. Engelhardt in Leipzig

MEINER MUTTER

FRAU PAULA ELISABETH BUTTER

UND

MEINEM ONKEL

HERRN WILHELM HERNTRICH

RITTER HOHER ORDEN

# Inhalt.

Erstes Kapitel.

Die Voraussetzungen des kaufmännischen Zurückbehaltungsrechts nach § 369 HGB.

# Literatur.


*Anschütz von Völderndorff*, Kommentar zum allgemeinen deutschen Handelsgesetzbuche. Bd. 3, Erlangen 1874.

*Brunner*, Deutsche Rechtsgeschichte, Bd. 1, Leipzig 1887; Bd. 2, Leipzig 1892.

*Brunner* in Endemanns Handbuch des Deutschen Handels-See-Wechselrechts, Bd. 2, S. 140 ff., Leipzig 1882.

*Cosack*, Lehrbuch des Handelsrechts, 7. Aufl., Stuttgart 1910.

*Dernburg*, Das Bürgerliche Recht des Deutschen Reichs und Preußens, 2. Bd., 1. Abt., 4. Aufl., Halle 1909.

*Düringer-Hachenburg*, Kommentar zum Handelsgesetzbuch, Bd. 2, Mannheim 1901.

*Endemann*, Handbuch des Deutschen Handelsrechts, Bd. 2, Leipzig 1882.

Entwurf eines Handelsgesetzbuches nebst Denkschrift, Berlin 1896.

*Frommhold*, Das kaufmännische Zurückbehaltungsrecht des neuen HGB, Diss., Leipzig 1903.

*Goldmann*, Das Handelsgesetzbuch vom 10. Mai 1897, Bd. 3, Berlin 1906.

*Goldschmidt*, Handbuch des Handelsrechts, Bd. 1, Abt. 2, Erlangen 1868.

*v. Hahn*, Kommentar zum Allgemeinen Deutschen Handelsgesetzbuche, 2. Aufl., 2. Bd., Braunschweig 1875.

*Haun*, Die Voraussetzungen des Kaufmännischen Zurückbehaltungsrechts, Diss., Leipzig 1908.

*Jakobi*, Die Wertpapiere im bürgerlichen Rechte des Deutschen Reichs.

*Jaeger*, Die Konkursordnung, 2. Aufl., Berlin 1904.

*Kaufmann*, Handelsrechtliche Rechtsprechung.

*Langheineken*, Anspruch und Einrede, 1903.

*Lehmann, Karl*, Lehrbuch des Handelsrechtes, 1908.

*Linde*, Das Zurückbehaltungsrecht des HGB für das Deutsche Reich vom 10. Mai 1897, Diss., Leipzig 1902.

*Lutz*, Protokolle der Kommission zur Beratung eines allgemeinen deutschen Handelsgesetzbuchs, Würzburg 1858.

*Lehmann-Ring*, Kommentar zum HGB, Bd. 2, Berlin 1901.

*Makower*, Handelsgesetzbuch mit Kommentar, Bd. 1, Berlin 1906; Bd. 2, Berlin 1907.

*Masch*, Die Voraussetzungen des KZR bei normaler Vermögenslage des Schuldners, Diss., Borna 1906.

*Nord*, Der eingetragene Nichtkaufmann, Diss., Rostock 1902.
*Oertmann*, Kommentar zum BGB und seinen Nebengesetzen. 2. Buch. Recht der Schuldverhältnisse. 3./4. umgearbeitete Aufl. Berlin. Carl Heymanns Verlag, 1910.
*Pick*, Das kaufmännische Zurückbehaltungsrecht, Diss., Königsberg 1903.
*Planitz*, Das Wesen des kaufmännischen Zurückbehaltungsrechts. Geschichtlich entwickelt., Diss., Leipzig 1906.
*Planck*, Das Bürgerliche Gesetzbuch, Bd. 1. 2., Berlin 1903.
*Regelsberger* in Jherings Jahrb., Bd. 41.
*Rehbein*, Das Bürgerliche Gesetzbuch mit Erläuterungen, 2. Bd., Berlin 1903.
*Sohm*, Der Gegenstand. Ein Grundbegriff des Bürgerlichen Gesetzbuchs.
— Noch einmal der Gegenstand in Jherings Jahrb. Bd. 53, S. 373 ff.
— Archiv für bürgerl. Recht, S. 175 ff.
*Staub*, Kommentar zum Handelsgesetzbuch, 8. Aufl., Bd. 1, 1906. Bd. 2, 1907, Berlin.
*Staudinger*, Kommentar zum Bürgerlichen Gesetzbuche, Bd. 1, 5./6. Aufl., München, Berlin 1910.
*Strohal*, „Die Schuldübernahme“ in Jherings Jahrb., 57. Bd., S. 231 ff.
— in „Das Recht“, 1901, Nr. 7, S. 158 ff.
*Schlegelberger*, Das Zurückbehaltungsrecht, Jena 1904, in Abhandlungen zum Privatrecht und Zivilprozeß des Deutschen Reichs. Herausgegeben von Dr. O. Fischer, Bd. 12, Jena 1905.
*Schoenenberg*, „Die Voraussetzungen der in § 273, Abs. 1 des BGB geschaffenen Retentionsbefugnis“, Diss., 1901, Gießen.
*Schollmeyer*, Recht der Schuldverhältnisse, 1. Hälfte, Allg. Teil, München 1900.

# Zeitschriften und Entscheidungssammlungen.

*Bolze*, Praxis des Reichsgerichts in Zivilsachen.
*Fuchsberger*, Entscheidungen. Teil 1. Das Handelsrecht, 3. Auflage. Gießen 1900.
*Gruchot*, Beiträge zur Erläuterung des deutschen Rechtes.
*Busch*, Archiv für Theorie und Praxis des allgemeinen deutschen Handels- und Wechselrechts. Entscheidungen des (Bundes) Reichsoberhandelsgerichts.
Entscheidungen des Reichsgerichts in Zivilsachen.
Juristische Wochenschrift, herausgegeben von Neumann.
Das Recht, Rundschau für den deutschen Juristenstand.
Seuffert's Archiv für Entscheidungen der obersten Gerichte.

# Erstes Kapitel.

# Die Voraussetzungen des kaufmännischen Zurückbehaltungsrechts nach § 369 HGB.

## I. Abschnitt.

### § 1.

### Die Personen.

Der Kaufmann des angehenden Mittelalters ist kein kleiner Mann, er steht in des Königs Frieden[1], genießt königliche Privilegien, es bildet sich somit für ihn ein eigenes Recht, das durch Innungssatzungen und den Niederschlag kaufmännischer Gewohnheiten in Form von Gewohnheitsrecht und Gerichtsgebrauch Erweiterung und erweiterte Geltung erfährt.[2] So ist das ius mercatorum des Mittelalters ein Sonderrecht des Kaufmannsstandes.

Mittelalter und neueste Zeit haben gleiche Tendenz. Denn auch das neue HGB will anders als das alte HGB[3] kaufmännisches Sonderrecht sein, bezieht sich nur auf Geschäfte, deren Subjekte Kaufleute sind. Gesetzliches Mindesterfordernis ist dabei Kaufmannseigenschaft eines Teils, soweit nicht das Gesetz ausdrücklich etwas anderes bestimmt.[4] Das letztere trifft gerade für unseren Fall zu, für den § 369 HGB, kraft dessen nur „ein

---

[1] *Brunner*, Bd. 2, S. 49ff.

[2] *Lehmann*, S. 20ff.

[3] Für die „absoluten" Handelsgeschäfte des alten HGB, Art. 271, war Kaufmannseigenschaft belanglos, nach Wegfall dieser Kategorie im neuen HGB setzen alle Handelsgeschäfte die Kaufmannseigenschaft voraus.

[4] § 345 HGB.

Kaufmann gegen einen anderen" ein Zurückbehaltungsrecht hat. So folgt das KZR mit diesem Erfordernis der beiderseitigen Kaufmannseigenschaft der Tendenz des neuen und des darin ihm gleichen mittelalterlichen Handelsrechts. — Der Grund für dieses Erfordernis führt auf das alte HGB zurück. Nach seinem ersten Entwurf — Art. 262 — war Kaufmannseigenschaft nur auf seiten des Retinenten Mußerfordernis. Bezüglich des Retentionsgegners hat dann der zweite Entwurf des alten HGB das gleiche Erfordernis aufgestellt, während die Nürnberger Konferenz[5] zunächst die Bevorzugung des kaufmännischen Gläubigers vor dem nichtkaufmännischen, namentlich im Konkurse des Schuldners als unberechtigt und darum als unhaltbar hingestellt hatte.[6] Wem Kaufmannseigenschaft und somit Aktiv- und Passivlegitimation für den Fall des KZR zukommt, bestimmt das Gesetz an verschiedenen Orten:

1. Den Aktien- und Kommanditaktiengesellschaften, HGB, §§ 210, Abs. 2, 320, Abs. 3 cf., § 6;
2. Den offenen Handelsgesellschaften und den Kommanditgesellschaften HGB, § 6;
3. Den eingetragenen Genossenschaften nach RG. vom 1. Mai 1889, § 17, Abs. 2 cf., HGB, § 6;
4. Den Gesellschaften mit beschränkter Haftung, RG. vom 20. April 1892, § 13 cf., HGB, § 6;
5. Der Reichsbank, Reichsbankgesetz vom 14. März 1875, § 66. Sie ist von der Eintragung befreit.
6. Dem Reiche, den Bundesstaaten und inländischen Kommunalverbänden, die ein Handelsgewerbe betreiben,[7] ohne Verpflichtung zur Eintragung, § 36, HGB;
7. Den in §§ 1—7 genannten Personen.

---

[5] Nürnberger Protokolle, S. 1348 ff.

[6] So im ersten Entwurf des alten HGB, Art. 262, und dessen Vorbildern: § 50 des österreichischen Entwurfes und österreichischen Wechselordnung von 1763, Art. 43; *Haun*, D., S. 18.

[7] Der Eisenbahnfiskus ist Kaufmann, weil er das Transportgewerbe betreibt, nicht aber sind Kaufleute kraft ausdrücklicher Vorschrift die Postverwaltungen des Reichs und der Bundesstaaten, § 452 HGB.

Während die sub 1—3 Genannten ohne Rücksicht auf Umfang und insbesondere den Gegenstand des Unternehmens Kaufleute sind, definiert HGB, § 1:

„Kaufmann ist, wer ein Handelsgewerbe betreibt", deshalb Standpunkt der Rechtsprechung:

„Kaufmann ist, wer Inhaber eines in privatrechtlich[8] rechtsgültiger Weise betriebenen[9] Handelsgewerbes ist, in dessen Namen also der Betrieb geführt[10] wird, gleichviel, wer diesen leitet oder auf wessen Rechnung er geht."[11]

Demnach sind Kaufleute und für das KZR legitimiert sowohl Einzelpersonen — der Einzelkaufmann — wie Kollektivpersonen, z. B. die Handelsgesellschaften. Die Zugehörigkeit zu den letzteren gibt dann die Kaufmannseigenschaft, wenn mit ihr die unbeschränkte Schuldenhaftung verbunden ist. Daher sind retentionsberechtigt: Der Gesellschafter der offenen Handelsgesellschaft, auch während der Liquidation,[12] der Komplementar der Kommanditgesellschaft, der Handlungsagent,[13] nicht aber der Handlungsreisende,[14] nicht der Konkursverwalter,[15] nicht der Kommanditist der Kommandit- bezw. Kommanditaktiengesellschaft (bestritten), auch nicht der Komplementar der

---

[8] § 7 HGB.

[9] „betreiben" = Subjekt der aus dem Gewerbebetrieb entstandenen Rechte und Pflichten werden, RG 13, 146.

[10] Führung des Geschäfts durch den Geschäftsunfähigen selbst oder selbständige Führung seitens des beschränkt Geschäftsfähigen ohne die erforderliche Einwilligung des gesetzlichen Vertreters und Genehmigung des Vormundschaftsgerichts macht nicht zum Kaufmann, also auch nicht retentionsberechtigt.

[11] RG 37, 61.

[12] ROHG 23, 144.

[13] Er hat wie der Kommissionär ein KZR erst nach beendetem Vertragsverhältnis am Kommissions- und Musterlager; *Bolze*, 11, Nr. 319 OLG 6, 350.

[14] ROGH 16, 82. Ihm steht nur ein BZR zu, und zwar während der Vertragsdauer nur wegen Verwendungen oder Schaden der Sache, § 273, Abs. 2, nicht aber wegen Gegenleistungen, weil sich aus dem Schuldverhältnis etwas anderes ergibt, § 273, Abs. 1, BGB. Nach beendetem Vertragsverhältnis aber hat er das volle BZR.

[15] *Jäger*, § 6.

letzteren. Dem Letztgenannten fehlt die Kaufmannsqualität, weil er nur Subjekt der aus den Geschäften erwachsenden Pflichten, nicht aber der Rechte wird, somit ein Handelsgewerbe auch nicht „betreibt".[16]

Näheres Eingehen auf die gesetzliche Einteilung der Kaufleute in „Muß"kaufleute (Kaufleute kraft Gewerbes, § 1) und „Soll-" bezw. „Kann"kaufleute (Kaufleute kraft Eintragung, §§ 2, 3) erübrigt sich. Die „Muß"kaufleute werden schon durch den Beginn ihres Betriebes — § 1, Abs. 2, Z. 1—9 — zu Kaufleuten, Soll- und Kannkaufleute werden es erst durch die Eintragung ihrer Firma ins Handelsregister. Im Gegensatze zu den Sollkaufleuten sind jedoch die Kannkaufleute lediglich berechtigt zur Eintragung, nicht wie jene dazu verpflichtet. Für und gegen sie alle findet das KZR Anwendung, ebenso auf Minderkaufleute, da § 369 ganz allgemein von Kaufleuten spricht und die §§ 4, 351, HGB, keine entgegenstehenden Bestimmungen treffen.

Nur bezüglich des Scheinkaufmannes dürfte die Anwendbarkeit des § 369 zweifelhaft erscheinen. Nach dem bisherigen Rechte bot die Eintragung einer Firma ins Handelsregister noch keine Garantie für die ihrem Inhaber zukommende Kaufmannseigenschaft, ja es galt sogar der Grundsatz, daß die Eintragung nur zu ungunsten des eingetragenen Nichtkaufmanns wirkte.[17] Dieser Grundsatz wird durch die Vorschrift des § 5 im neuen HGB durchbrochen. Danach ist der zu Unrecht ins Handelsregister Eingetragene zwar nicht Kaufmann bezw. Vollkaufmann, aber er „gilt" in zivilistischer Hinsicht dafür,[18] d. h. das Gesetz gibt für und gegen ihn die Ermächtigung, sich auf seine Eintragung zu berufen. Dieses Recht muß aber für ihn auch

---

[16] *Staub*, § 320, Anm. 10.

[17] *Nord*, S. 20.

[18] Eine Fiktion der Kaufmannseigenschaft ist darin gegen *Düringer-Hachenburg*, Bd. 1, S. 57, nicht zu erblicken. Eine Fiktion ersetzt den fehlenden Tatbestand durch Gesetzeswillen, sie sagt, daß die Rechtswirkung eintritt, und zwar wirklich eintritt, obgleich eine bestimmte Voraussetzung nicht vorhanden ist. Nach § 5 HGB aber „ist" der Scheinkaufmann nicht Kaufmann, sondern „gilt" nur als solcher. *Staub*, § 5, Anm. 3.

praktisch sein, es darf gerade dann, wenn seine Geltung als Kaufmann in Frage kommt, also im Anwendungsgebiete des § 369 nicht versagen, so daß also für und gegen den Scheinkaufmann das KZR Anwendung findet. Bei alledem hat man jedoch trotz der Bestimmung des § 5 daran festzuhalten, daß der Eintragung nicht die Bedeutung zukommt, als ob nun auch dem Registerrichter gegenüber der Scheinkaufmann als Kaufmann zu gelten habe. Vielmehr muß gerade mit Rücksicht auf die Bedeutung des § 5 die Löschung der Firma und dadurch die Beseitigung der Kaufmannseigenschaft des Scheinkaufmanns ermöglicht werden.[19] Jedoch bleibt das vordem erworbene KZR trotz erfolgter Löschung bestehen.[20]

Der § 5 setzt voraus, daß der zu Unrecht Eingetragene überhaupt rechtsgültig ein Gewerbe betreibt. Ist das nicht der Fall, so greift er nicht Platz.

Schließlich fragt es sich noch, w a n n Kaufmannseigenschaft vorhanden sein muß. Auch dies ergibt sich aus § 369, der betont, daß nur Kaufleuten gegeneinander und nur aus beiderseitigen Handelsgeschäften das KZR zustehe. Letztere Voraussetzung ist deshalb bedeutsam, weil sie auf das Vorhandensein der Kaufmannseigenschaft zur Zeit des Abschlusses des die Forderung begründenden Rechtsgeschäftes hinweist, während die erste Voraussetzung die Kaufmannsqualität zu der Zeit fordert, in der alle Voraussetzungen des KZR gegeben sein müssen. Fraglich ist nur, welches dieser Zeitpunkt ist: Dem Wortlaute des § 369 nach entsteht[21] und fällt die Retentionsberechtigung mit ihren Voraussetzungen, so daß sie also mit der Kaufmannseigenschaft erlöschen wird. Dieses Erfordernis dauernden Vorhandenseins der Kaufmannsqualität führt jedoch zu Härten, weshalb zwecks weiterer Interpretation auf den Z w e c k des § 369 einzugehen ist. Das KZR soll dem Gläubiger erhöhte Sicherheit gewähren. Dies würde hinfällig, wenn eine nach seiner Entstehung eintretende Änderung bloß in den persönlichen Verhältnissen der Beteiligten es zum Erlöschen bringen sollte. Deshalb

---

[19] § 142 FG, D., S. 17, 18.

[20] *Düringer-Hachenburg*, 2. Bd., S. 559.

[21] *Makower*, S. 1119.

wird man das einmal — im Moment des Vorhandenseins der übrigen Voraussetzungen — entstandene KZR als ein ius quaesitum[22] auffassen müssen, dem nachfolgender Verlust der Kaufmannseigenschaft nichts schadet.[23]

Die Kaufmannseigenschaft endigt in allen Fällen erst durch die Beendigung der Liquidation, da die zum Zwecke derselben geschlossenen Verträge noch zum Betriebe des Handelsgewerbes gehören,[24] im Falle des Konkurses erst, falls Gemeinschuldner nach Konkurseröffnung aufhört, ein Handelsgewerbe zu betreiben.[25] Dabei ist es belanglos, ob der Konkursverwalter den Betrieb einstellt oder fortführt, denn der Geschäftsbetrieb erfolgt dann nicht im Namen des Kridars.[26] Immerhin greift trotz des Verlustes der Kaufmannseigenschaft das Notzurückbehaltungsrecht des § 370, Z. 1, HGB, ein.

An die Löschung der Firma des Mußkaufmannes im Handelsregister knüpft sich nicht ohne weiteres die Präsumption des Aufhörens der Kaufmannseigenschaft, denn hieraus folgt nicht, daß der Gelöschte den Gewerbebetrieb gänzlich eingestellt hat.[27] Dies ist erst zu beweisen. Hingegen darf der Soll- und Kannkaufmann nicht einwenden, die Löschung sei zu Unrecht erfolgt, weshalb die Kaufmannsqualität und damit das nach der Löschung entstandene KZR bestehen bleibe. Für sie ist die Eintragung die notwendige Voraussetzung für das Entstehen ihrer Kaufmannseigenschaft. Diese fällt, wenngleich das keineswegs unbestritten ist, mit dem Wegfall ihrer Voraussetzung durch Löschung. Soll- und Kannkaufleute sind danach nicht mehr Kaufleute, nur besteht für sie, wenn die sonstigen Voraussetzungen des § 2 bezw. § 3, HGB, gegeben sind, ihre Wiedereintragungspflicht bezw. Wiedereintragungsrecht. Da die Löschung des Löschungsver-

---

[22] Vgl. unten § 10.

[23] *Makower*, S. 1108; A. A. *Striethorst*, Archiv 99, S. 125: „Zu einem erworbenen, unabhängig von seinen Voraussetzungen fortdauernden Rechte wird es erst durch seine Ausübung."

[24] *Staub*, § 1, Anm. 25.

[25] RG 13, 152.

[26] RG 29, 36.

[27] ROHG 1; 62, 63.

merkes gegenüber Dritten keine rückwirkende Kraft hat, kann ein KZR nach dem Löschungsvermerk weder für noch gegen sie entstanden sein.[28]

II. Abschnitt.

# Die Forderungen.

§ 2.

## Der Grund der Forderung.

Das KZR ist bezüglich seiner Voraussetzungen und Wirkungen ein lediglich vom Gesetz, nicht vom Parteiwillen umgrenztes Recht.

Diese scharfe Begrenzung zeigte es, wie wir gesehen haben, schon bezüglich seiner Subjekte, das gleiche gilt bezüglich der durch das KZR geschützten Forderungen:

Nur wegen fälliger Forderungen aus zwischen Kaufleuten geschlossenen beiderseitigen Handelsgeschäften besteht es, § 369, Abs. 1, S. 1, HGB.

Welche Geschäfte Handelsgeschäfte sind, sagen die §§ 343, 344 HGB. Demnach fallen darunter alle Geschäfte eines Kaufmanns, die zum Betriebe seines Handelsgewerbes gehören oder in ihm geschlossen sind. Hierzu[1] gehören auch Neben- und Vorbereitungsgeschäfte, kurz alle Geschäfte, die den Handelsbetrieb ermöglichen und fördern sollen, falls sie auch nur entfernt eine Beziehung zum Handelsgewerbe haben.[2] Es scheiden also für den § 369 alle diejenigen Geschäfte aus, die den Zwecken des Haushalts, der Geselligkeit, Familien- und öffentlichen Angelegenheiten dienen, falls bei ihnen geschäftliche Sonderzwecke

---

[28] *Staub*, § 2, Anm. 17; *Makower*, S. 44, 45.

[1] Anders als im alten HGB, Art. 275, können demnach Verträge über Grundstücke Handelsgeschäfte, daher Übernahme von Schulden aus Verträgen über Immobilien beiderseitiges Handelsgeschäft sein. J. W. 1900, S. 875.

[2] *Staub*, § 343, Anm. 9, 12.

nicht wesentlich bestimmend mitwirken.[3] Ebenso alle Geschäfte, die wirkungslos oder nichtig sind.[4] Für die Betriebszugehörigkeit spricht bei allen Geschäften, die der Kaufmann überhaupt abschließt, eine praesumptio iuris, § 344, S. 1, bei den von einem Kaufmanne gezeichneten Schuldscheinen aber eine praesumptio iuris et de iure, falls nicht aus ihrem Inhalte das Gegenteil hervorgeht, § 344, S. 2, HGB. Diese Fiktion gilt demnach für diejenigen Schuldscheine, deren Ausstellung ein Rechtsgeschäft ist, d. h. durch deren Ausstellung sich der Kaufmann verpflichtet, also für Wechsel, Bürgschaftsscheine, kaufmännische Verpflichtungsscheine, nicht aber für Beweisscheine, wie die Darlehnsbescheinigung, die nicht verpflichtet, sondern eine andere verpflichtende Tatsache nur bezeugt.[5]

Eine weitere Einschränkung erfährt jedoch die Geltendmachung des KZR dadurch, daß die Forderung aus „beiderseitigen" Handelsgeschäften entstanden sein muß. Demnach müssen nicht nur beide Teile Kaufleute sein, es müssen die Forderungen auch aus beiderseits im Betriebe des Handelsgewerbes zwischen ihnen geschlossenen Handelsgeschäften herrühren. Das „beiderseits"[6] bedeutet nun nicht etwa eine dem Handelsgeschäfte an sich anhaftende besondere Eigenschaft, vielmehr muß es für jeden der beiden Beteiligten die Eigenschaft eines — wenn auch nur entfernt — sich auf den Gewerbebetrieb beziehenden Rechtsgeschäfts haben. Man kann deshalb das KZR nicht schlechtweg bei Forderungen aus Deliktstatbeständen, die sich zugleich als Übertretungen handelsrechtlicher Geschäfte charakterisieren, versagen.[7]

Ferner ist wichtig, daß nach § 369 die Kaufleute das Geschäft „zwischen sich", also zwischen Retinenten und Retentionsgegner abgeschlossen haben müssen, der Retinent die Forderung

---

[3] *Makower*, S. 968.

[4] *Staub*, § 369, Anm. 6.

[5] A. A. *Makower*, S. 975; *Staub*, § 344, Anm. 9; zust. *Hahn*, § 5, Art. 274.

[6] *Makower*, S. 1017.

[7] *Makower*, S. 1109.

somit selbst erworben haben muß. Dadurch sind alle Forderungen ausgeschlossen, die der Retinent nur durch Zession erworben hat.[8] Denn hier haben nicht Retinent und Retentionsgegner miteinander, sondern Zedent und Zessus einerseits, Zedent und Zessionar andererseits kontrahiert. Ja, die Forderung entspringt selbst dann nicht einem „zwischen ihnen“ geschlossenen Handelsgeschäfte, wenn die zedierte Forderung auf seiten des Schuldners (Zessus) und auch auf seiten des Gläubigers (Zessionar) auf einem Handelsgeschäfte beruht, falls nämlich die Zession selber auf seiten des Zessionars Handelsgeschäft ist, insofern also auch für ihn eine Handelsforderung vorliegt, denn zwischen Zessionar und debitor cessus ist kein Handelsgeschäft geschlossen.[9]

Diesem Ausschlusse zedierter Forderungen liegt der Gedanke zugrunde, die Sachen des Schuldners nicht durch willkürliches Ansichziehen einer Forderung zu einem Deckungsobjekt zu machen,[10] was sowohl den dadurch in seinen Dispositionen behinderten Schuldner gefährden, andererseits auch die übrigen Gläubiger desselben im Falle eines Konkurses benachteiligen würde.

Weiter schließt der Wortlaut des § 369 alle Forderungen aus, die aus irgendwelchen Geschäften des Erblassers mit dem Schuldner stammen oder kraft Gesetzes oder Richteraktes auf den Gläubiger übergegangen sind, weil hier weder ein handelsgeschäftlicher Erwerb vorliegt, noch die vom Gesetze geforderte unmittelbare Beziehung „zwischen“ den Parteien vorhanden ist.[11] Aus gleichem Grunde ist das KZR auszuschließen wegen Forderungen, die bei Fortführung des Geschäfts mit der Firma übergegangen sind (bestritten).

---

[8] Protokolle, S. 1422, wollten das KZR auch für den Fall geben, wenn die Veranlassung zum Erwerbe der Forderung ein zwischen dem Zessionar und dem debitor cessus abgeschlossenes Handelsgeschäft war

[9] Vgl. *Goldschmidt*, Handbuch, S. 1039.

[10] RG 9, 45.

[11] A. A. *Makower*, S. 1109; zust. *Lehmann-Ring*, S. 86.

Eine praktisch weniger bedeutsame,[12] theoretisch[13] aber bestrittene Frage ist die, ob das KZR im Falle der privativen Schuldübernahme fortbesteht, wenn diese zwischen dem Gläubiger und dem Übernehmer vereinbart wird, § 414, BGB. Hierbei ist zu prüfen, ob das alte Schuldverhältnis übergeht oder erlischt. Die bisher herrschende Lehre[14] nimmt an, daß die Schuldübernahme eine Art der Singularsukzession darstelle, weshalb die Schuld ungeachtet des Personenwechsels dieselbe bleibe. Die Einschiebung eines neuen Verpflichtungsaktes findet nicht statt. Daher klage der seinen Anspruch gegen den Schuldübernehmer richtende Gläubiger lediglich aus der alten Obligation. Diese Ansicht ist durch die neueste Forschung widerlegt. Nach *Sohm*[15] und insbesondere nach den eindringenden Untersuchungen *Strohals*[16] ist anzunehmen, daß die Schuldübernahme in der Person des Übernehmers eine „neue“ und nur „inhaltlich“ nach der Urschuld sich bestimmende Schuld begründet. Unter der Voraussetzung, daß dieser Schuldübernahmevertrag zwischen Kaufleuten geschlossen ist und ein beiderseitiges Handelsgeschäft vorliegt, hat deshalb meines Erachtens der Gläubiger ein KZR an den körperlichen Gegenständen des Übernehmers, aber auch nur an diesen, nicht daneben etwa auch ein fortbestehendes KZR an den Sachen des Urschuldners. Hat beispielsweise C eine Schuld des bisherigen Schuldners A durch Vertrag mit dem Gläubiger B übernommen, und sind sowohl vom Urschuldner A wie von dem Schuldübernehmer C Waren auf Grund von beiderseitigen Handelsgeschäften in den Besitz des Gläubigers B gelangt, so erlischt dessen bisher bestehendes Retentionsrecht gegen den A. Denn diesem gegenüber ist durch die privative Schuldübernahme

[12] Praktisch weniger bedeutsam, weil es von der Zustimmung des Gläubigers abhängt, ob an Stelle einer gedeckten Schuld eine ungedeckte treten soll.

[13] Vgl. die ausführliche Literatur über diese Streitfrage bei *E. Strohal*, „Die Schuldübernahme“ in Iherings Jahrb. 57. Bd., S. 231 ff.

[14] Vgl. *Strohal*, S. 252 ibidem.

[15] *Sohm*, „Der Gegenstand“, S. 25 ff. Derselbe im Archiv für bürgerliches Recht.

[16] *Strohal*, S. 274 ibidem.

die Forderung erloschen. Dagegen erwirbt B ein neues KZR gegen C auf Grund des Schuldübernahmevertrags, den er mit diesem vereinbart hat, falls Kaufmannseigenschaft des C und die übrigen Voraussetzungen vorliegen.

Ebenfalls bestritten, aber von größerer praktischer Bedeutung ist die Frage, ob ein bereits begründetes KZR mit der Forderung übergehen kann. Soviel steht fest, daß es getrennt von ihr nicht übergehen kann, weil — von bestimmten Ausnahmen abgesehen — kein Sicherungsrecht getrennt von dem Anspruch, den es sichert, übertragen werden kann.[17] *Staub*, *Düringer-Hachenburg*, *Cosack*[18] sowie das ROHG in Bd. 5 seiner Entscheidungen, S. 307, nehmen an, daß das KZR bei ausdrücklicher Erwähnung und nur bei gleichzeitiger Besitzübertragung der vom Retinenten zurückbehaltenen Gegenstände mit übertragen werden kann. Zugleich bekämpfen sie die Meinung *Makowers*,[19] der behauptet, daß das KZR auch ohne ausdrückliche Erwähnung mit der Abtretung der Forderung übergeht. Er, *Makower*, stützt sich dabei auf *Planck*[20], nach dessen Meinung eine Anwendung des § 401, BGB auf andere dort nicht erwähnte Sicherungsrechte nicht ausgeschlossen ist. Den sämtlichen genannten Ansichten steht meines Erachtens der Wortlaut des § 369 entgegen. Das KZR läßt sich mit der Abtretung der Forderung nicht übertragen, ebensowenig wie es mit der Verpfändung der Forderung verpfändet werden kann. Vielmehr lassen die Worte des § 369 „zwischen ihnen geschlossen“ das KZR mit der Verfügung über die Forderung untergehen.

Das KZR ist also grundsätzlich unübertragbar. Anders verhält es sich bei den Forderungen aus Ordrepapieren. Nach der zutreffenden Entscheidung des Reichsgerichts[21] steht das KZR einem Kaufmanne auch wegen der mittels Indossamentes von

---

[17] *Makower*, S. 1109.

[18] *Staub*, § 369, Anm. 7; *Düringer-Hachenburg*, § 369, Anm. IV, 2a; *Cosack*, § 31, Anm. 1.

[19] *Makower*, S. 1109; *Planck*, § 401, A. 1.

[20] *Makower*, S. 1109; *Planck*, § 401, A. 1.

[21] RG 9, 45.

Dritten erworbenen Forderungen aus Wechseln und anderen Ordrepapieren gegen den aus diesen verpflichteten Kaufmann zu, sofern dieser sie im Gewerbebetrieb gezeichnet, ersterer sie in solchem erworben hat. Der Grund hierfür ist, daß der Aussteller des Ordrepapieres bezw. der Wechselunterzeichner mittels der Ausstellung bezw. Wechselunterzeichnung erklärt hat, zu jedem legitimierten Inhaber der Urkunde in ein direktes Schuldverhältnis treten und ihn als seinen Gläubiger anerkennen zu wollen. Es liegt also hier ein zwischen ihnen geschlossenes Geschäft vor. Heißt es doch schon S. 560 der Protokolle der Nürnberger Konferenz: „Wer Ordrepapiere ausgibt, erklärt damit, daß er nicht auf die Person des Gläubigers Gewicht legt, sondern daß er sich gleichsam einen fungiblen Gläubiger gefallen lassen will.“ Aus gleichen Gründen ist das KZR auch auf Grund von Forderungen aus Inhaberpapieren gegeben.

## § 3.

## Die Fälligkeit der Forderung.

Weitere Voraussetzung des KZR ist die Fälligkeit der Forderung, wegen der es geltend gemacht wird.[1]

Geht man auf den für das HGB maßgebenden Fälligkeitsbegriff des BGB zurück, so ergibt sich:

Eine Forderung ist fällig, wenn ihre Berichtigung nach dem Inhalte des ihr zugrunde liegenden Rechtsverhältnisses gefordert werden kann.[2] Nach der herrschenden Lehre ist eine Forderung nicht fällig, der peremptorische oder dilatorische Einreden entgegenstehen. Dieser Ansicht wird nicht allenthalben zugestimmt. Insbesondere wird bestritten, daß die Fälligkeit der Forderung dadurch beseitigt werde, daß dem Schuldner gegen die Forderung die Einrede der Verjährung zusteht. Demgegenüber verneint

---

[1] Die fällige Forderung braucht nicht liquide zu sein: *Thöl*, 1. Bd., 2. Abt., S. 123.

[2] *Lehmann-Ring*, Bd. 2, S. 87.

der Vertreter der herrschenden Lehre, *Planck*,[3] die Fälligkeit der verjährten Forderung, weil der Schuldner eines solchen Anspruchs gemäß § 222 BGB die Leistung zu verweigern berechtigt ist. Der Ausschluß der Rückforderung des zur Erfüllung eines verjährten Anspruchs Geleisteten genüge nicht, um den Anspruch als Grundlage für das ZR geeignet zu machen, weil durch dieses der Anspruch aktiv geltend gemacht werde. Dieser Lehre *Plancks*, der sich auch *Staub*,[4] *Düringer-Hachenburg*,[5] *Dernburg*,[6] *Oertmann*,[7] *Langheineken*,[8] *Schönenberg*[9] anschließen, wird von anderen Schriftstellern widersprochen. So spricht sich insbesondere *Staudinger*[10] dahin aus, „daß verjährte Ansprüche des Schuldners das ZR begründen können, wenn die Verjährung noch nicht vollendet war, als der Anspruch des Gläubigers entstand." *Staudingers* Ansicht teilen *Rehbein*,[11] *Regelsberger*,[12] *Schollmeyer*.[13] Zur Begründung seiner Ansicht führt *Staudinger* die seines Erachtens analoge Bestimmung des § 390, S. 2, BGB, an. Nach diesem Rechtssatze schließt die Verjährung einer Forderung die Aufrechnung nicht aus, wenn die verjährte Forderung zu der Zeit, zu welcher sie gegen die andere Forderung aufgerechnet werden konnte, noch nicht verjährt war. Dieser Analogieschluß *Staudingers* ist jedoch m. E. um deswillen nicht zulässig, weil die Bestimmung des § 390, S. 2 BGB als Ausnahmevorschrift, die nach allgemeinen Rechtsgrundsätzen zur analogen Anwendung nicht berechtigt,[14] gegenüber der allgemeinen Bestimmung

---

[3] *Planck*, § 273, 2 a $\alpha$; §' 222, 3 c.

[4] *Staub*, § 369, Anm. 8.

[5] *Düringer-Hachenburg*, 2. Bd., S. 560.

[6] *Dernburg*, 2. Bd., § 57, Anm. 7, S. 145.

[7] *Oertmann*, 2. Bd., S. 93 $\alpha$, $\beta$.

[8] *Langheineken*, S. 330.

[9] *Schönenberg*, S. 53.

[10] *Staudinger*, 2. Bd., S. 119 d.

[11] *Rehbein*, S. 91, Nr. 77.

[12] *Regelsberger*, S. 334.

[13] *Schollmeyer*, § 273, 2 a, S. 9.

[14] Vgl. *Paulus*, l. 14 D. de leg. I, 3: „quod vero contra rationem iuris receptum est, non est producendum ad consequentias."

des S. 1 desselben § 390 zu erachten ist. Nach diesem Satz 1 kann eine Forderung, der eine Einrede entgegensteht, nicht aufgerechnet werden. Aus dieser Bestimmung dürfte wohl zugleich zu entnehmen sein, daß alle Forderungen, denen Einreden entgegenstehen, nicht als fällig zu erachten sind. Denn nach § 387 BGB kann nur mit einer fälligen Forderung aufgerechnet werden. Dieser Grund veranlaßt mich, der Ansicht *Plancks* beizutreten, wonach verjährte Forderungen die Geltendmachung des BZR und des KZR ausschließen.

Gegen unsere Begründung wäre der Einwand möglich, daß die Einrede der Verjährung doch dem aus der Rechtsposition des KZR klagenden Gläubiger nicht entgegengehalten werden dürfe. Es werde in diesem Falle nicht der infolge der Einrede der Verjährung undurchführbare Anspruch aus der Schuldforderung geltend gemacht, sondern ein aus dem KZR als solchem erwachsener Anspruch. Dieser bezwecke die Sachhaftung des Schuldners als Eigentümer. Diesem Anspruche könne der Schuldner nicht die Einrede der Verjährung entgegensetzen, weil dieser aus dem vielleicht eben erst entstandenen KZR herrührende Befriedigungsanspruch des Gläubigers, der ihm neben dem Anspruch aus dem Forderungsrecht zustehe, ja nicht verjährt sei. Diese Einwendung erweist sich jedoch bei näherer Prüfung als nicht stichhaltig. Denn der dem Gläubiger aus dem KZR allerdings zustehende Anspruch ist doch kein derartig selbständiger Anspruch, wie beispielsweise der Anspruch des Pfandgläubigers auf Befriedigung aus dem ihm verpfändeten Gegenstande. Während der Pfandgläubiger nach der ausdrücklichen Bestimmung des § 223 BGB trotz Verjährung der persönlichen Forderung nicht gehindert ist, seine Befriedigung aus dem verhafteten Gegenstande zu suchen, ist der Befriedigungsanspruch aus dem KZR mit dem persönlichen Anspruch aus dem Forderungsrechte so eng verbunden, daß ihm gegenüber alle Einwendungen gelten, welche gegen die Schuld bestehen.

Die Fälligkeit der Forderung muß vorhanden sein im Augenblicke der Geltendmachung des KZR, also in dem Momente, wo die Herausgabe um des KZR willen verweigert wird, bezw. wo die Klage auf „Gestattung der Befriedigung" vom Gläubiger erhoben wird.[15]

Die Forderung darf schließlich nicht aufschiebend bedingt oder betagt sein, weil Bedingung und Befristung vor ihrem Eintritt einen Anspruch nicht entstehen lassen, überdies die Geltendmachung des KZR dem dadurch ausgedrückten Kreditierungswillen widersprechen würde. Maßgebend[16] ist bei Bedingungen der § 158 BGB bei Befristungen der § 163 ibidem, im übrigen greift § 271 BGB ein, nach dem eine Leistung sofort verlangt werden kann, falls eine andere Zeit für die Leistung weder bestimmt, noch aus den Umständen zu entnehmen ist. Endlich ist die Beobachtung von Treu und Glauben gemäß den §§ 157, 242 BGB und der Handelsgebräuche nach § 359 HGB hierbei geboten.

Tritt die Fälligkeit der Forderung erst während des Prozesses über die Rückgabe ein, so ist die Ausübung des KZR unzulässig.[17] Wird es wegen einer fälligen Forderung gegen eine fällige Forderung geltend gemacht, so ist dies als Erklärung der Aufrechnung aufzufassen und führt, falls § 394 BGB nicht in Betracht kommt, zum gleichen Ergebnis wie diese.[18]

Bis zur Fälligkeit will der kaufmännische Gläubiger seinem Schuldner kreditieren, weil er ihn solange für „gut" hält. Im Falle der Konkurseröffnung, Zahlungseinstellung, Zwangsvollstreckung fällt natürlich dieser Grund fort und mit ihm auch das Erfordernis der Fälligkeit. Umstände aber, die die Befriedigung des Gläubigers bloß „unwahrscheinlich" machen, wie Vermögensverfall, drohender Konkurs des Schuldners rechtfertigen das Mißtrauen des Gläubigers nicht hinlänglich, um ihm das KZR wegen nichtfälliger Forderungen zu geben.[19]

---

[15] *Goldschmidt*, Handbuch, S. 1042.

[16] *Schlegelberger*, S. 149, 154.

[17] *Schlegelberger*, S. 154.

[18] RG vom 24. 4. 08 in Kaufmann, 1908, S. 260.

[19] Nürnberger Entwurf, Art. 294, Abs. 4, dritte Lesung: „Wenn der Gläubiger die Unsicherheit bloß behauptet, soll etwa dann der Schuldner zur vollständigen Aufdeckung seiner Verhältnisse gezwungen werden? Wenn dann das Gericht nicht Unsicherheit annimmt, wer steht dem Schuldner für den verlorenen Kredit oder für die Durchkreuzung seiner Dispositionen?"

## § 4.
## Die Forderung selbst.

Das KZR ist „mehr" als das BZR, es ist ein Befriedigungsrecht.

Das Maß der Befriedigung bestimmt sich nach der zugrunde liegenden Forderung. Denn der Gläubiger wird nur befriedigt, soweit Erfüllung dieser Forderung vorliegt, jedes plus ist nicht Befriedigung dieser Forderung, sondern geht darüber hinaus. Übersteigt daher der Wert der zurückbehaltenen Gegenstände den Wert der Forderung, so kann nach Treu und Glauben der Überschuß ohne Sicherheitsleistung herausverlangt werden.[1] Das Ziel des KZR ist die Befriedigung aus dem Erlöse, § 371 HGB. Folglich darf es nur wegen solcher Forderungen ausgeübt werden, die Geldforderungen sind oder in solche übergehen können.[2] Demnach scheiden alle Forderungen aus, deren Nichterfüllung dem Gläubiger keinen Schadenersatzanspruch gibt.[3]

Streitig ist, ob der Ausdruck „Forderungen" in § 369 nur obligatorische oder auch dingliche Ansprüche einschließt. Das BGB spricht im Gegensatz zu § 369 von „Anspruch", § 273 BGB. Hiernach ist § 369 auf nicht forderungsrechtliche Ansprüche nicht anwendbar.[4]

Ein rechtlicher Zusammenhang der Forderung, für die das KZR geltend gemacht wird, mit dem Rechtsverhältnis bezüglich der zurückbehaltenen Sache ist anders als beim BZR keine Voraussetzung des KZR,[5] vielmehr gelten alle Forderungen von Kaufleuten gegeneinander als konnex.[6] Das Erfordernis der

---

[1] ROHG 2, 384; RG 61, 133; *Staub*, § 369, Anm. 57.

[2] A. A. *Makower*, S. 1108.

[3] *Düringer-Hachenburg*, S. 560, *Staub*, § 369, Anm. 9.

[4] *Makower*, S. 1108; *Planitz*, S. 3.

[5] *Planitz*, S. 4ff.: „Das KZR sieht nur den „Saldo". Das ist aber der Gegensatz der Konnexität".

[6] Vgl. den Begriff der Konnexität im Depotgesetz, § 8, Abs. 2.

Konnexität engt das BZR ein, es fehlt dem KZR[7] und bewirkt dadurch eine größere Freiheit des KZR: „Weitgehende Sicherung der kaufmännischen Forderungen durch das KZR!"

## III. Abschnitt.

## § 5.

## Der „Gegenstand".

Der Kreis der Objekte des KZR ist enger als beim BZR oder Pfandrechte: „Denn nur ‚bewegliche Sachen und Wertpapiere" können zurückbehalten werden, § 369, Abs. 1, S. 1, HGB.[1]

Grundlegende Bedeutung hat hier der Begriff der „beweglichen Sache"!

Das HGB enthält keine Definition. Suppletorisch greift folglich das BGB ein.[2] Es beschränkt den Begriff „Sache" auf den „körperlichen Gegenstand", § 90 BGB.

Diese Umgrenzung ist erforderlich und genügend.[3] Demnach müssen die Sachen des § 369 „beweglich", „körperlich" und „Gegenstände" sein. Von vornherein scheiden deshalb aus: erstens alle Nichtgegenstände, zweitens alle unkörperlichen Gegenstände, drittens alle unbeweglichen Gegenstände.

Das KZR besteht demnach an Gegenständen, die körperlich und beweglich sind. „Gegenstände" in diesem Sinne sind alle Körper, über die selbständig und einheitlich verfügt werden kann, die also Gegenstände des verfügungsgeschäftlichen Verkehrs sind.[4]

---

[7] Von dem Erfordernis der Konnexität wird bereits abgesehen bei Geltendmachung des pignus Gordianum: l. unica, § 2, C. 8, 26.

[1] Objekt des BZR: jede schuldige Leistung, § 273 BGB; des Pfandrechts: bewegliche Sachen und Rechte, §§ 1204, 1273 BGB.

[2] EG. z. neuen HGB, Art. 2.

[3] *Staub*, § 369, Anm. 11ff., *Makower*, S. 1110ff., übersehen bei der Betonung des „körperlich den technischen Charakter des Ausdrucks „Gegenstand". Über dessen prinzipielle, für das bürgerliche Recht maßgebende Bedeutung vgl. *Sohm*, „Der Gegenstand", dessen Werk der folgenden Darstellung zugrunde liegt.

[4] *Sohm*, S. 16ff.

Dabei ist zunächst zu betonen, daß die Gegenstände „körperlich“ sein müssen. „Körperlich“ ist, was der Verkehr als Körper ansieht. Das ist zunächst alles, was als Körper in Erscheinung tritt. Aber das genügt noch nicht, wäre doch dann ein Forderungsrecht, dessen Bestandteil — der Schuldschein — als Körper in Erscheinung tritt, körperlich, was offenbar unmöglich ist. Es bedarf demnach diese Definition noch einer Ergänzung, die durch die Natur des körperlichen Gegenstandes bedingt ist: „Körperlicher Gegenstand ist, was als Körper in Erscheinung tritt und zugleich im Rechtsverkehr als nach „sachenrechtlichen Grundsätzen“ verfügbar behandelt wird.“ Die Verfügbarkeit ist für den Begriff des „Gegenstandes“ wesentlich. „Verfügbar sein“ heißt nach *Sohm*[5] „fähig sein, ein locupletiorem fieri und pauperiorem fieri der Geschäftsparteien zu bewirken, oder wie das Reichsgericht[6] analog es als Charakteristikum der beweglichen Sache aufstellt, „Träger“ eines selbständigen Vermögenswertes zu sein. Nur bewegliche Körper, die diese Erfordernisse aufweisen, insbesondere selbständig und einheitlich verfügbar sind, sind bewegliche Sachen im Sinne des § 369. Nicht unter diesen Begriff fallen demnach

1. Die Nichtgegenstände. So sind nicht bewegliche Sachen die Inbegriffe, sowohl die Sach- wie die Vermögensinbegriffe.[7] Über Warenlager, Bibliothek, Herde, Gutsinventar kann nicht durch eine Verfügung verfügt werden. Es ist nur Verfügung über die einzelnen Stücke des Inbegriffs möglich, die daher auch nur als solche einzelnen Stücke retiniert werden können.[8] Ferner gibt es kein KZR an Handlungen: Rechnungs-

---

[5] *Sohm*, S. 9.

[6] RG 20, 135.

[7] *Staub*, § 369, Anm. 15.

[8] Richtig ist an sich der Gedanke *Staubs* (§ 369, Anm. 13), daß, falls an einem bestimmten Teile einer Sachgesamtheit ein ZR „bestellt“ werden solle, dann die einzelnen Gegenstände in den Besitz des Gläubigers übergehen müßten. Hierbei übersieht jedoch *Staub*, daß ein ZR überhaupt nicht „bestellt“ werden kann. Denn das KZR entsteht kraft Gesetzes mit dem Vorhandensein seiner Voraussetzungen.

legung, Leistung eines Wechselakzeptes.[9] Daher ist auch die Leistung von Geldsummen nicht retinierbar. Die Geldsumme ist kein Gegenstand im Rechtssinne, also keine Sache. Dazu kommt, daß in den meisten Fällen, in denen Geldsummen zur Verwahrung gegeben werden (Fälle des depositum irregulare), für den Hinterleger nur ein Anspruch auf Rückzahlung einer gleichhohen Summe begründet wird. Gegen diesen Anspruch auf Leistung, nicht auf Herausgabe einer bestimmten Sache, kann der Verwahrer zwar nicht retinieren, wohl aber aufrechnen. Anders als die Geldsumme sind Goldmünzen, überhaupt alle einzelnen Geldstücke selbständig verfügbare Gegenstände.

Bestandteile, wesentliche wie unwesentliche, sind nicht Gegenstände.[10] Sie sind, weil nicht selbständig verfügbar, auch nicht zurückhaltbar. Denn mit der Sache wird zugleich über alle ihre Bestandteile rechtsnotwendig verfügt. Deshalb kann über Bäume auf dem Stamm,[11] Früchte auf dem Halm[12] ohne gleichzeitige Verfügung über den Boden nicht verfügt werden (BGB, §§ 93, 94, 953ff.). Erst die Trennung dieser wesentlichen Bestandteile bewirkt eine Änderung ihrer körperlichen Existenz, macht den Sachteil zur selbständig verfügbaren Sache.[13]

2. Wie die unbeweglichen Gegenstände scheiden aus dem Reiche der beweglichen Sachen auch die „unkörperlichen" Gegenstände aus. Daher kein KZR an Rechten, auch nicht an Rechtsbestandteilen. Rechtsbestandteile sind nicht körperliche Gegenstände. Das Manuskript gehört jedoch nicht zu den Rechtsbestandteilen.[14] Es ist eine bewegliche Sache und fällt unter § 369. Zwar bestreitet dies

---

[9] *Lehmann-Ring,* 2. Bd., S. 87.

[10] *Sohm,* S. 18.

[11] *A. A. Goldschmidt,* Handbuch, 1. Bd., S. 686; J. W. 94, 144: „Kauf von stehendem Holz zum Abtrieb ist Kauf beweglicher Sachen." Auch dies ist meines Erachtens nicht richtig, es ist vielmehr „Kauf künftiger beweglicher Sachen".

[12] *A. A. Striethorst,* 83, 350.

[13] Nur ausnahmsweise Pfändungspfandrecht an „periodisch" reifenden Erzeugnissen (z. B. Früchten auf dem Halm) möglich, nicht an Bäumen auf dem Stamm, nach §§ 810, 813, 824, 808 ZPO.

[14] RG 5, 67.

das Reichsgericht.[15] Es kann aber das Manuskript zweifellos als solches selbständig veräußert werden ohne das Urheberrecht. Zum Beispiel: man schreibt das Gedicht auf und verschenkt das Manuskript einem anderen.

Dagegen ist der Talon keine bewegliche Sache. Fehlen ihm doch sämtliche begriffskonstituierende Merkmale des körperlichen Gegenstandes. Über ihn kann nicht selbständig verfügt werden: Neue Zins-, Renten- bezw. Gewinnanteilscheine dürfen an den Taloninhaber nicht ausgehändigt werden, wenn der Inhaber des Hauptpapiers der Ausgabe widerspricht. In diesem Falle sind die Scheine dem Inhaber des Hauptpapiers auszuhändigen, § 805 BGB, § 230 HGB. Folglich teilt er notwendig das rechtliche Schicksal des Hauptpapiers ist bloß Bestandteil der in ihm verkörperten Forderung,[16] kein selbständiger Träger von Vermögenswert. Er ist auch nicht Zubehör.[17] Zubehör ist eine körperlich und rechtlich selbständige Sache, gerade das Gegenteil des Talons. Der Talon ist kein selbständiges Objekt des Vermögensverkehrs, er ist, wie das Reichsgericht entsprechend dem begriffsbestimmenden Merkmale des „Gegenstandes“ sagt, „keine zum Umlauf bestimmte und in regelmäßigem Umlaufe befindliche Urkunde“.[18] Auf ihn finden bezeichnenderweise die Rechtssätze vom Schutze des gutgläubigen Erwerbs keine Anwendung, es gilt vielmehr für ihn § 952 BGB. Eigentum an ihm wird nach Zessionsregeln, nicht durch Übergabe erworben. Folglich kann er nicht retiniert werden.

Ebensowenig der Schuldschein. Er ist zwar ein Körper, aber als Bestandteil eines Rechtes nicht selbständiger Verfügungsgegenstand. Das Eigentum an dem über eine Forderung ausgestellten Schuldschein steht rechtsnotwendig dem Gläubiger zu; Rechte Dritter an der Forderung erstrecken sich auf ihn (§ 952 BGB).

---

[15] RG 5, 67.

[16] Folglich hat Käufer eines Wertpapieres Anspruch auf Mitlieferung des Talons, ROHG 10, 304.

[17] *A. A. Staub*, § 213, Anm. 14: er nimmt Zubehöreigenschaft in weiterem Sinne („Quasipertinenz“) an.

[18] RG 3, 154.

Aus gleichem Grunde ist das Sparkassenbuch, das sich nach *Strohal* als ein von der Sparkasse ausgestellter Schuldschein über die Forderung des Einlegers erweist,[19] kein körperlicher, retinierbarer Gegenstand. Sonst müßte das Sparkassenguthaben durch Einigung und Übergabe des Buches übertragen werden können. Das ist aber nicht der Fall. Vielmehr wird die Forderung aus ihm nach Zessionsrecht übertragen, wie sie auch nach § 1280 BGB durch Einigung und Anzeige an die Sparkasse verpfändet wird. Das Sparkassenbuch ist ein Legitimationspapier. Was von ihm gilt, gilt auch von den anderen Legitimationspapieren: Versicherungspolizen (Lebens-, Feuer-), Pfandscheinen, Depotscheinen (z. B. der Reichsbank) sowie von Karten, Marken und ähnlichen Urkunden, in denen ein Gläubiger nicht benannt ist, falls sie nach der Verkehrsauffassung und nach der Absicht des Ausstellers (Bons, Eisenbahngepäckscheine) bloße Legitimationspapiere sein sollen. Kurz, über alle Legitimationspapiere kann im Rechtsverkehr nicht als über einen Körper selbständig verfügt werden, sie sind nicht körperliche Gegenstände. Für sie gelten nicht die Vorschriften des Mobiliarsachenrechts, nicht die §§ 929 ff., 935, Abs. 2 BGB, sondern nur § 952 BGB. Sie sind Bestandteile der Forderung, zu der sie gehören, die Forderung ergreift auch sie, das Papier folgt dem Recht. Die Übergabe des Legitimationspapieres ist gar keine Übergabe im Sinne eines sachenrechtlichen Erwerbsgrundes, keine Verfügung im Rechtssinne. Legitimationspapiere sind daher nicht bewegliche Sachen, nicht retinierbar.[20]

Das KZR besteht ferner an „Wertpapieren“.

Über Begriff und Wesen der Wertpapiere herrscht Streit, ebenso, welche Papiere im einzelnen unter den Begriff fallen.[21] Für den Begriff des Wertpapieres im Sinne derjenigen Gesetzesvorschriften, die, wie § 369 HGB eine selbständige Verwertung von Gegenständen bezwecken, wird der Begriff des vollkommenen Wertpapieres

[19] Vgl. *Strohal* in „Das Recht“, 1901, Nr. 7, S. 158 ff.

[20] A. A. *Thöl*, S. 125, Anm. 19.

[21] Vgl. die verschiedenartige Terminologie der Gesetzessprache.

maßgebend sein: „Wertpapiere sind diejenigen Urkunden, deren Besitz für die Ausübung und Übertragung des Rechts unentbehrlich ist.“[22]

Der unkörperliche Gegenstand — das Recht — tritt in diesen Papieren in äußere Erscheinung, es ordnet sich dem Schicksale des Papieres unter: Papieresschicksal ist Rechtsschicksal! das Recht folgt dem Papiere, das deshalb vermögensrechtlich „wesentlich“, ein Wertpapier ist.

Das Papier, nicht das Recht ist maßgebend. Aber was ist das Papier? Es ist körperlich, denn: „Körperlich ist, was als Körper in Erscheinung tritt.“ Aber die Körperlichkeit hat als solche noch gar keine Bedeutung. Ein „Körper“, ein „Ding“ ist für den Rechtsverkehr als solches irrelevant.[23] Körperlich sein heißt noch nicht „Sache“, noch nicht „körperlicher Gegenstand“ sein. Deshalb ist gegen *Makower*[24] das Wertpapier als Stück Papier gar nichts, kein Gegenstand, insbesondere keine bewegliche Sache. Nach der Anschauung des Verkehrs ist das Wertpapier kein bloßes Stück Papier, denn dann müßte das Wertpapier doch als solches Stück Papier Gegenstand des Handelsverkehrs[25] sein. Auch läßt die Verknüpfung des Rechts selbst mit dem Wertpapier in diesem das Stück Papier, den Papierstoff gar nicht rechtlich sichtbar werden. Vielmehr individualisiert das Recht das Papier, der Verkehr sieht Wechsel, Inhaberschuldverschreibungen et cetera, also in ihnen lauter durch das Recht individualisierte Papiere, aber keine bloßen Stücke Papieres.

---

[22] *Brunner* in *Endemanns* Handelsrecht, 2. Bd., S. 174.

[23] *Sohm*, „Der Gegenstand“, S. 16ff.

[24] A. A. *Makower*, S. 1110ff., verba: „Eine weitere Frage ist, ob die Urkunde doch als bewegliche Sache, d. h. als Stück Papier trotz seines geringen Wertes zurückbehalten werden kann.“ *Makower* bejaht dies.

[25] Vgl. hierzu RG 33, 108: „An sich ist das Papier wertlos und kein selbständiger Gegenstand des Eigentums.“

Welche Bedeutung kommt nun den Wertpapieren als rechtlich individualisierten Papieren zu? Die Individualisierung kennzeichnet das Wertpapier im Unterschied von den gewöhnlichen beweglichen Sachen. Diese sind Träger von Vermögenswert in materiellem, jene in formellem rechtlichen Sinne,[26] beide aber sind selbständige Wertträger. Sollen die Wertpapiere unter den Begriff des körperlichen Gegenstandes fallen, so müssen sie im Rechtsverkehr die rechtlich bedeutsamen Eigenschaften der beweglichen Sache aufweisen, sie müssen als „Sache“, also nach sachenrechtlichen Grundsätzen verfügbar sein, also selbständige Träger von Vermögenswert darstellen. Sie müssen auch unter dem Schutze der Rechtssätze vom gutgläubigen Erwerbe stehen, die ein Charakteristikum für den Eigentumserwerb an beweglichen Sachen bilden.[27] Dies trifft zu für das Inhaberpapier. Es ist das Wertpapier *κατ' ἐξοχήν*. „Es verkörpert die Obligation und ist Träger selbständigen Vermögenswertes, das Papier gewinnt wegen seiner erleichterten Übertragbarkeit, Realisierbarkeit, sowie beschränkter Vindikabilität besondere Bedeutung.“ So lautet eine bedeutsame Äußerung über die dem Wertpapiere wesentlichen Eigenschaften seitens des Reichsgerichts.[28] Finden sich doch darin alle Merkmale des „körperlichen Gegenstandes“ ausgedrückt: Die sachenrechtliche Verfügung durch Einigung und Übergabe des Papieres, dem als Gegenstand des verfügungsgeschäftlichen Verkehrs in dessen Interesse weitreichender Schutz seines gutgläubigen Erwerbers zur Seite steht, §§ 935, Abs. 2, 797 BGB.

Ferner die Betonung der Selbständigkeit, da der Wortlaut des Papieres für den Inhalt des verbrieften Rechts maßgebend ist, § 796 BGB, so daß auch im Rechtsverkehr das Papier als das Maßgebende in dieser Verbindung von Recht und Sache erscheint. Demnach besteht das KZR auch an der einzigen Art der Mitgliedspapiere auf den Inhaber: an der Inhaberaktie, ferner an Prioritätsobligationen,

---

[26] Vgl. *Planitz*, S. 9.
[27] Vgl. *Sohm*, „Der Gegenstand“, S. 59.
[28] *Fuchsberger*, Entscheidungen, S. 12.

Banknoten, Gewinnanteilscheinen, Pfand- und Hypothekenbriefen der landwirtschaftlichen und staatlichen Kreditinstitute, Reichs- und Staatsschuldverschreibungen. Bezüglich der letzteren sind die Schuldverschreibungsurkunde selbst sowie der Zinsschein Wertpapiere und körperliche Gegenstände. Insbesondere ist der Zinsschein ein selbständiges, vom Bestande der Hauptforderung unabhängiges Inhaberpapier und bleibt im Zweifel trotz Erlöschens der Hauptforderung oder Änderung bezw. Aufhebung der Verzinsung in Kraft, § 803, Abs. 1, BGB. Gleiches gilt schließlich von den Inhaberpapieren, in denen eine andere als Geldleistung versprochen ist, sofern nach der Absicht des Ausstellers jeder Inhaber als solcher berechtigt sein soll, die Leistung zu fordern, § 807 BGB. So würden Eisenbahn-, Theater-, Konzertbillets, Bier- und Speisemarken unter dieser Voraussetzung Gegenstände des KZR sein können.

Die gleichen Merkmale des körperlichen Gegenstandes weisen die Ordrepapiere auf:

Ihre Übertragung vollzieht sich in sachenrechtlicher Form durch Übergabe des indossierten Papieres und bedeutet das Indossament nicht Zession. Vielmehr erwirbt der Indossatar ein ganz neues, vom Rechte seines Vormannes unabhängiges Recht, denn gegen ihn gelten keine Einwendungen aus der Person seines Vormannes. Für sein Recht ist lediglich der Inhalt der Urkunde maßgebend, das Papier modifiziert und regiert das Recht, die Obligation ist eine Skripturobligation. Wie bei den Inhaberpapieren greift ein entsprechender Schutz seines gutgläubigen Erwerbers ein: §§ 364, 365 HGB. So ist das Ordrepapier ein körperlicher Gegenstand. Aber nicht jedes indossable Papier ist ein echtes Ordrepapier. Keine echten Ordrepapiere sind gegen *Staub*, *Jakobi*[29] die

---

[29] *Staub*, § 222, Anm. 8; *Jakobi*, S. 6.

indossablen Mitgliedspapiere: Namensaktie, Interimsschein, Reichsbankanteilsschein. Zwar gelten für das Indossament der Namensaktie und des Interimsscheins die Rechtssätze über die Form, Legitimations- und Eigentumserwerbswirkung des Indossamentes (WO, Art. 11—13, 34, 76), aber das Indossament bedeutet hier anders als bei den Ordrepapieren nicht eine Zahlungsanweisung, sondern eine Zession (Abtretung).

Bezüglich der Namensaktie herrscht allerdings Streit.[30] In ihrer Veräußerung dokumentiert sich der Wille des Veräußerers, seine Mitgliedschaft zu übertragen. Mitgliedschaftsveräußerung ist Rechtsveräußerung, die §§ 413, 398 BGB greifen deshalb ein, so daß zur Abtretung der Mitgliedschaft der formlose Vertrag genügt. Mit der Mitgliedschaft geht die Namensaktie von selbst über. Dieser ipso jure-Übergang des Eigentums an der Namensaktie kann nur aus § 952, Abs. 2, BGB abgeleitet werden. So folgt die Namensaktie dem Rechte, ist bloß Bestandteil der Mitgliedschaft. Die Abtretung hat derivative Wirkung. In der Indossierbarkeit der Namensaktie hat das HGB aber eine Form eingeführt, die der Abtretung originäre Kraft gibt, § 222, Abs. 3, HGB. Doch ist das Indossament hier lediglich Form für den Übertragungswillen und den Mitgliedschaftserwerbswillen der Parteien, nicht für den sonst im echten Indossament ausgesprochenen Inhalt. Die Umschreibung im Aktienbuche gibt dann dem Erwerber vollends die Mitgliedsrechte und Pflichten. Gegenstand des verfügungsgeschäftlichen Verkehrs ist immer die Mit-

[30] Vgl. die widersprechenden Entscheidungen des RG, nach denen die Namensaktien Träger des Rechtes und für ihre Übertragung die Vorschriften über den Eigentumserwerb beweglicher Sachen maßgebend sein sollen — RG 21, 157; 27, 53; ROHG 19, 233 —, andererseits Mangel des Indossamentes oder der Abtretung ein Mangel eines absolut notwendigen Erfordernisses des Eigentumserwerbs ist. RG vom 4. Nov. 95 im J. W. 96, 5. Siehe Bd. 1, S. 574.

gliedschaft als solche, nicht die Urkunde. Die Namensaktie, auch die indossierte, ist also bloß eine Beweisurkunde deklaratorischen Inhalts, Bestandteil der Mitgliedschaft, keine retinierbare, bewegliche Sache.

Die gleichen Rechtssätze wie bei der Namensaktie, somit die gleiche Unanwendbarkeit des § 369 ergeben sich bezüglich des Interimsscheines, § 224, Abs. 1, HGB (bestritten) und des Reichsbankanteilscheines,[31] nur daß bei diesem die Art. 36, 74 der WO nicht platzgreifen. Sie sind aus demselben Grunde wie die Namensaktie keine retinierbaren, körperlichen Gegenstände. Interimsscheine[32] und Reichsbankanteilsscheine[33] lauten auf Namen. Ebensowenig wie sie sind die übrigen Namenspapiere „körperliche Gegenstände". Bei ihnen allen ist nicht das Papier Gegenstand des Verkehrs, sondern das Recht. Daher vollzieht sich die Übertragung durch Abtretung gemäß den §§ 398ff. BGB; das Papier folgt dem Rechte, § 952 BGB. Weil es sich um Rechtserwerb, nicht um Sacherwerb handelt, gelten ferner nicht die Vorschriften vom gutgläubigen Sacherwerbe, vielmehr hat der Schuldner gegen den neuen Gläubiger alle Einreden aus der Person des Vormannes nach Zessionsrecht, § 404 BGB.

Die Rektapapiere sind folglich ebenso keine körperlichen Gegenstände, sondern bloße Rechtsbestandteile. Daher kein KZR an den auf Namen lautenden Papieren des § 363 HGB, am Rektawechsel, an den Hypotheken-,[34] Grund-, Rentenschuldbriefen usw.

So verleugnet das KZR auch bezüglich der Objekte, an denen es besteht, seinen Zusammenhang mit altem

---

[31] RB Statut, § 5.

[32] HGB, § 179, Abs. 3.

[33] § 23 des Bankges., Art. 1 des Ges. vom 7. Juni 1899.

[34] Der Grundschuldbrief auf den Inhaber ist nach § 1195 BGB Inhaberpapier und körperlicher Gegenstand.

deutschen Rechte nicht: Der Wertpapierbegriff des §369 führt auf den Begriff der Urkunde des alten fränkischen Rechtes zurück. Schon dort existieren die Rechtssätze,[35] daß der Besitz der Urkunde Voraussetzung für die Ausübung des Rechts und der Urkundeninhalt maßgebend ist für das in ihr verbriefte Recht.

Aus der vorgehenden Darstellung ergibt sich die Lösung der Frage, ob die „beweglichen Sachen und Wertpapiere" des § 369 gemeinsamen Regeln in der Weise unterworfen sind, daß dies die Zusammenstellung unter einen einheitlichen Begriff rechtfertigt. Wir finden ihn in der Subsumierung unter den Begriff des „körperlichen Gegenstandes".

So ist der Ausdruck „bewegliche Sachen und Wertpapiere" in §369 eine Tautologie: Das Wertpapier des § 369 ist eine bewegliche Sache!

## IV. Abschnitt.

## § 6.

## Das Eigentum.

Die körperlichen Gegenstände des KZR müssen Eigentum des Schuldners sein, § 369, Abs. 1, S. 1.

Dieser im alten Handelsgesetzbuch ausnahmslos geltende Satz[1] besitzt gleiche prinzipielle Bedeutung auch nach dem neuen HGB: er kennzeichnet die Wirkung des KZR als rein persönlich, nicht dinglich. Dies hebt auch die Denkschrift zum HGB hervor[2], ist Ansicht der Rechtsprechung und der herrschenden Lehre.

---

[35] *Brunner* in *Endemanns* Handbuch, S. 145ff. Derselbe: Deutsche Rechtsgeschichte, Bd. 1, S. 393ff., Bd. 2, S. 420ff.

[1] Altes HGB, § 313.

[2] Denkschrift zum HGB, S. 211ff.

Ihr ist in der 8. Auflage seines Kommentars nun auch *Staub* beigetreten.[3] Infolge seiner bloß persönlichen Wirkung geht es nur gegen den Schuldner, dessen Gegenstände zurückbehalten werden, sowie gegen seine Konkursgläubiger, es wirkt deshalb prinzipiell nicht gegen Dritte, die ein Recht an der Sache erworben haben, weshalb selbst später entstandene gesetzliche Pfandrechte, so des Spediteurs, Lagerhalters dem älteren KZR vorgehen. Ebensowenig wirkt es gegen Dritte, selbst wenn diese verpflichtet sind, dem Schuldner das Eigentum zu übertragen: solange die Übertragung nicht gemäß § 931 BGB stattfand, ist das KZR nicht entstanden.[4] Anders als im Pfandrechte hat der Satz: „Gutgläubiger Erwerb ist originärer Erwerb" beim KZR keine Geltung: Gehören die retinierten Sachen nicht dem Schuldner, so nützt dem Gläubiger sein guter Glaube nichts, er hat kein KZR.

Eigentum des Schuldners müssen also die zu retinierenden beweglichen Sachen sein. Wie steht es in den Fällen des Miteigentums? Hier gibt das Wesen der Objekte die Lösung, der Begriff des Gegenstandes greift helfend ein:

Bei Miteigentum des Schuldners an der Ware nach Bruchteilen kann der Mitberechtigte über seinen Anteil völlig selbständig verfügen (BGB, § 747). Der Anteil ist deshalb Gegenstand des Vermögensverkehrs, an solchem aber Retention möglich.

Anders im Falle des Miteigentums zur gesamten Hand. Hier ist im Prinzip[5] selbständige Verfügung des einzelnen über seinen Anteil an den einzelnen Gegenständen ausgeschlossen, vergl. § 719 BGB. Der Anteil bedeutet lediglich einen Ausfluß der Mitgliedschaft und ist kein Gegenstand: „Wo aber kein Gegenstand, da kein KZR."

Aber auch nach einer anderen Richtung wird der Gegenstandsbegriff praktisch. „Ein Zurückbehaltungsrecht an beweglichen Sachen und Wertpapieren des Schuldners" heißt, daß die Objekte bereits in der Hand des Schuldners „Gegenstände" sein müssen.

---

[3] *Staub*, § 369, Anm. 33, 65.

[4] *Düringer-Hachenburg*, S. 561.

[5] *Sohm*, „Der Gegenstand", S. 40, 68ff.

Entscheidend ist das Eigentum des Schuldners zur Zeit der Entstehung des KZR. Das ordentliche KZR entsteht im Augenblicke des Vorhandenseins seiner gesetzlichen Voraussetzungen. War der Schuldner in diesem Moment Eigentümer, so hebt ein späterer Eigentumswechsel das KZR nicht auf.[6]

Keinen prinzipiellen Gegensatz zu dem Grundsatze, daß das KZR nur an des Schuldners beweglichen Sachen zulässig ist, bedeutet die Bestimmung des § 369, Abs. 1, S. 2, HGB, nach der auch solche bewegliche Sachen retiniert werden können, deren Eigentum von dem Schuldner, oder von einem Dritten für den Schuldner auf den Gläubiger übertragen, aber auf den Schuldner zurückzuübertragen ist. In dieser Bestimmung, nach der der Gegenstand infolge der Verpflichtung des Gläubigers zur Rückübertragung des Eigentums an den Schuldner „wirtschaftlich" als schuldnerisches Eigentum erscheint, ist eine dem Grundgedanken widersprechende und deshalb als „Ausnahme"[7] zu kennzeichnende Abweichung nicht zu erblicken. Hat der Gläubiger eine bewegliche Sache vom Schuldner gekauft und erhalten, wobei es auf das Vorhandensein des Eigentumserwerbswillens zur Zeit der Abnahme ankommt,[8] sie aber nachher als mangelhaft dem Schuldner zur Verfügung gestellt, so bleibt die bewegliche Sache zunächst Eigentum des Gläubigers. Aber mit der Einverständniserklärung (Wandlungsvertrag) entsteht die obligatorische Verpflichtung zur Rückgewähr des auf Grund des Kaufvertrags Empfangenen und seitens des Gläubigers die Möglichkeit, den Gegenstand wegen anderer Forderungen zu retinieren (§ 465 BGB).

Das KZR ist weiter zulässig in Fällen, wo nicht erst durch Ereignisse, die dem Eigentumsübergange folgen, sondern gleichzeitig mit diesem die Verpflichtung zur Rückgewähr begründet wurde. So falls der Gegenstand vom Schuldner oder einem Drit-

---

[6] ROHG 24, 345.

[7] Dies tun die Lehrbücher und Kommentare.

[8] Mit *Düringer-Hachenburg*, 2. Bd., S. 566 hat man als zu generell die Ausführungen *Staubs*, § 369, Anm. 23, zurückzuweisen, nach denen durch die zur Dispositionsstellung das Fehlen des Eigentumserwerbswillens auf seiten des Gläubigers offenbar werde.

ten für diesen zwecks Sicherung auf den Gläubiger zu Eigentum übertragen wurde und die zu sichernde Forderung getilgt ist, ferner beim Verkaufe mit dem Rechte des Wiederkaufs, § 497 BGB.[9] [10]

Das Verhältnis des KZR zu den Rechten Dritter wird insbesondere durch den Absatz 2 des § 369 näher charakterisiert. Durch ihn ist, wenigstens mittelbar, dem KZR der dingliche Charakter abgesprochen. Nach der zitierten Gesetzesstelle besteht das KZR einem Dritten gegenüber nur insoweit, als diesem die Einwendungen gegen den Anspruch des Schuldners auf Herausgabe entgegengesetzt werden können.

Das Wesen dieser Bestimmung als einer Sondervorschrift, durch die das HGB die Wirkung des KZR gegen den kraft Abtretung dinglich Berechtigten besonders betont und dadurch als Ausnahme seiner grundsätzlich bloß persönlichen Wirkung kennzeichnet, war lange verkannt. Auch *Staub*, der, wie schon erwähnt, erst jetzt sich auf den Standpunkt der herrschenden Lehre gestellt hat, ist den daraus zu ziehenden Konsequenzen nicht in allen Stücken gerecht geworden. Trotz seiner nunmehr von ihm vertretenen Auffassung des KZR als eines obligatorischen Rechts[11] bezeichnet er kurz vorher im § 366 seines Kommentars das KZR als ein „die Sache belastendes“ Recht, das er dabei dem Nießbrauch, Pfandrecht an die Seite stellt.[12]

Nach Maßgabe dieses Absatzes 2 hat der Retinent, falls der Eigentümer die im Besitze des Retinenten befindlichen beweglichen Sachen veräußert oder belastet, wobei eine Veräußerung nur durch Einigung und Abtretung des Herausgabeanspruchs gemäß § 931 BGB, eine Verpfändung nach § 1205, eine Nießbrauchsbestellung nach § 1032 BGB erfolgt sein kann, in allen

---

[9] *Staub*, § 369, Anm. 23; *Düringer-Hachenburg*, 2. Bd., S. 566.

[10] Vergl. auch *Düringer-Hachenburg*, 2. Bd., S. 567.

[11] *Staub*, § 369, Anm. 33, 65.

[12] *Staub*, § 366, Anm. 35, 37, 41, 42.

diesen Fällen gegen den neuen Erwerber gemäß den §§ 986, Abs. 2, 1227, 1065 BGB die Einrede des KZR. Hieraus ergibt sich, daß das KZR zwar gegen Veräußerungen und im Wege des Vertrages erfolgte Belastungen der beweglichen Sache, nicht aber in denjenigen Fällen hinreichenden Schutz gewährt, „in denen der Dritte sein dingliches Recht nicht vom Schuldner herleitet". Negatives Prinzip des Absatz 2.[13] Deshalb kann der retinierende Gläubiger dem Dritten, der auf Grund eines vollstreckbaren Titels gegen den Schuldner dessen bewegliche Sachen beschlagnahmt und somit ein gesetzliches Pfandrecht erwirbt — § 804 ZPO — nicht entgegenhalten, daß er dem Schuldner gegenüber zur Herausgabe nicht verpflichtet sei. Ebensowenig leiten auch Spediteur, Lagerhalter, Frachtführer, der Einkaufskommissionär, der im Konkurse des Schuldners das Verfolgungsrecht ausübt, ihr Recht von einer Verfügung des Schuldners her.[14] Das Retentionsrecht weicht ihrem gesetzlichen Pfandrecht und dem Verfolgungsrechte.

Das Gleiche gilt insbesondere dann, wenn der Dritte seinen Anspruch auf gutgläubigen Erwerb vom Nichtberechtigten stützt — eine Folge des oben erwähnten negativen Prinzips. Obwohl *Makower* dies Prinzip anerkennt, steht seine Entscheidung dieses Falles wohl im Widerspruche zu diesem Prinzip. Denn er bejaht hier das Bestehen des KZR auf Grund einer wohl nicht ganz folgerichtigen Deduktion.[15] Er sagt hier: „Erwirbt ein Dritter von einem anderen als dem Schuldner (also von einem Nichtberechtigten) gutgläubig Eigentum oder Pfandrecht, so ist für die Anwendbarkeit der §§ 936, 1208 BGB entscheidend, ob das KZR als ein „die Sache belastendes Recht" anzusehen ist; in den regelmäßigen Fällen wird es jedoch nicht hierauf ankommen. Denn falls der Erwerber durch Entgegennahme einer Abtretung des gegen den Rückhalter bestehenden Herausgabeanspruchs erworben hat, so bleibt jedenfalls das ZR ungeschmälert, weil" — nun folgt diese Deduktion — „wenn man § 936 BGB anwenden will, dessen Absatz 3 eingreift."

---

[13] *Düringer-Hachenburg*, S. 568, Bd. 2.

[14] *Düringer-Hachenburg*, S. 569, Bd. 2.

[15] *Makower*, S. 1123, 1124, 1119.

Betont *Makower*, daß es auf eine Erörterung, ob das KZR „ein die Sache belastendes Recht“ ist, regelmäßig nicht ankomme, so darf er in der anschließenden Begründung doch nicht bezug nehmen auf den § 936, dessen Anwendung gerade das Vorhandensein eines die Sache belastenden Rechtes voraussetzt.

Hingegen ist mit *Makower*[16] gegen *Düringer-Hachenburg* die Bedeutung des Abs. 2, § 369 auch darin zu finden, daß er feststellt: das „Befriedigungsrecht“ reicht genau so weit, wie das Herausgabeverweigerungsrecht. Läge seine Bedeutung — nach *Düringer-Hachenburg* — lediglich darin, daß Absatz 2 feststellt, das KZR erzeuge nur das obligatorische Recht, die Herausgabe der Sache dem Schuldner gegenüber zu verweigern, so wäre Absatz 2 überflüssig, weil auch ohne ihn § 986, Abs. 2 eingreifen würde.

## V. Abschnitt.

### § 7.

### Der Besitz.

Das KZR ist nur möglich, wenn und solange der Gläubiger die beweglichen Sachen in Besitz hat: Verlust des Besitzes ist Verlust des KZR, § 369, Abs. 1, S. 1.[1]

Besitz bedeutet hier das Faktum der tatsächlichen und faktisch selbständigen Herrschaft über die retinierten Sachen.

Aber nicht jede faktisch selbständige Herrschaft ist Besitz im Sinne des KZR. Das Willensmoment spielt in gewissen Grenzen eine ausschlaggebende Rolle. Nicht bloß, wenn auf der Seite des Gläubigers[2] die faktisch unselbständige Innehabung vorliegt,

---

[16] *Makower*, S. 1122, *Düringer-Hachenburg*, S. 567.

[1] Auch der unfreiwillige Besitzverlust schließt das KZR aus; *Planitz*, S. 23, BGB § 856, Abs. 1.

[2] Wohl aber kann der Schuldner Besitzdiener des Gläubigers sein, *Lehmann-Ring*, 2. Bd., S. 87, wie er auch Mitbesitzer sein kann, *Schlegelberger*, S. 203.

sondern ebenso auch im Fall des durch den animus domini charakterisierenden Eigenbesitzes liegt kein Besitz im Sinne des KZR vor.[3] In letzterem Falle gilt jedoch die Ausnahme des Abs. 1, S. 2 des § 369.

Dem Besitze steht gleich der Mitbesitz, ebenso genügt auch der mittelbare Besitz auf seiten des Gläubigers, soweit nicht der unmittelbare Besitz des Schuldners selbst oder eines Dritten zum unmittelbaren Besitze Berechtigten das KZR zerstört.[4]

Dem Besitz der Ware steht der legitimierte Besitz des Warenpapieres gleich: eines Konnossements-, Lade-, Lagerscheins. Es legitimiert den besitzenden Gläubiger ohne Rücksicht auf sein wirkliches Recht an der Sache, wenn er Adressat des Papieres oder Indossatar[5] ist, auch das Blankoindossament ist hinreichend.[6] Fehlt es an dieser formalen Legitimation, so hat der Gläubiger kein KZR an der Ware. Für den nicht Legitimierten ist das Recht auf Auslieferung nicht mit dem Besitze des Papieres gegeben.

Der Besitz muß zur Zeit der Geltendmachung des KZR noch vorhanden sein. Vorübergehender Besitzverlust ist, sobald der Besitz wiedererlangt ist, unschädlich.[7]

## § 8.

## Der Erwerb des Besitzes.

Mit Willen des Schuldners muß der Gläubiger in den Besitz der beweglichen Sachen gelangt sein, § 369, Abs. 1, S. 1.

Damit ist das KZR in allen den Fällen gegeben, in denen der Gläubiger „nicht gegen" den Willen des Schuldners den Besitz

[3] A. A. *Makower*, S. 1117, der ganz allgemein den Eigenbesitz als Besitz im Sinne des KZR ansieht.

[4] *Planitz*, S. 12; ROHG 10, 162.

[5] *Staub*, § 369, Anm. 28.

[6] *Düringer-Hachenburg*, S. 564, Bd. 2.

[7] Vgl. *Staub*, § 369, Anm. 38; *Makower*, S. 1120, Bd. 2.

erlangte,[1] ein entgegenstehender Wille des Schuldners auch nicht aus den Umständen erkennbar war.[2]

Aus diesem Grunde ist eine rein interne Willensänderung des Schuldners unbeachtlich. Deshalb ist das KZR an beweglichen Sachen des Schuldners ausgeschlossen, die der Gläubiger — wenn auch im Wege erlaubter Selbsthilfe, § 229 BGB — an sich genommen[3] oder die ihm ohne Zustimmung — §§ 183, 184 BGB — des Schuldners von einem Dritten übergeben worden sind.[4] Jedoch kommt im Falle der Besitzübertragung durch einen Bevollmächtigten der entgegenstehende Wille des Schuldners nicht in Betracht, ist Retention also zulässig, wenn gemäß § 164 BGB der Bevollmächtigte innerhalb der Grenzen seiner Vollmacht handelte und der entgegenstehende Wille des Schuldners, verbunden mit einer rechtsgültigen Vollmachtsentziehung vor der Besitzergreifung nicht erklärt worden war, §§ 168, 167, Abs. 1, BGB. Hatte jedoch der Schuldner den Dritten lediglich mit der Besitzübertragung beauftragt, so genügt die rechtzeitige Mitteilung des entgegenstehenden Willens dem Gläubiger gegenüber, um das KZR auszuschließen. Hat also der Schuldner den Gläubiger benachrichtigt, daß er mit der Ausfolgung der Sachen an ihn durch den Frachtführer nicht einverstanden sei, während die vielleicht gleichzeitig abgesandte Weisung an den Frachtführer diesen nicht mehr erreichte, so kann der Gläubiger an den Waren, die er sich unter Benützung der Unkenntnis des Frachtführers von der späteren Weisung aushändigen ließ, ein Retentionsrecht nicht geltend machen.[5]

Das Vorhandensein des schuldnerischen Einverständnisses zur Zeit der Besitzerlangung genügt jedoch, wenn bis zur Zeit des Gegebenseins der übrigen Voraussetzungen des KZR eine Willensänderung des Schuldners auf das dem Besitze zugrunde liegende Rechtsverhältnis einflußlos ist.

---

[1] *Düringer-Hachenburg*, 2. Bd., S. 563.
[2] *Düringer-Hachenburg*, 2. Bd., S. 563.
[3] *Schlegelberger*, S. 204.
[4] ROHG 19, 372; *Staub*, § 369, Anm. 25.
[5] *Düringer-Hachenburg*, 2. Bd., S. 563.

Bedeutet indessen — so in den Fällen der §§ 604, Abs. 3, 695 BGB die Willensänderung die Aufhebung des Rechtsverhältnisses, so muß die Einwilligung des Schuldners zu der Zeit gegeben sein, in der die übrigen Voraussetzungen des KZR vorliegen.[6] Der Besitz muß ferner auf Grund, d. h. auf Veranlassung[7] mindestens einseitiger[8] Handelsgeschäfte erlangt sein. Diese Handelsgeschäfte brauchen nicht notwendig zwischen den Retentionsparteien unmittelbar abgeschlossen zu sein.[9] Auch daß bei Abschluß mit einem Dritten das Geschäft gerade auf seiten des Gläubigers ein Handelsgeschäft sein müsse, ist gegen *Staub*[10] aus dem Wortlaute des Gesetzes nicht zu entnehmen. Wohl aber ist zu betonen, daß nur Rechtsgeschäfte Handelsgeschäfte sind, nicht aber bloße Handlungen, in denen sich eine Willenserklärung nicht kundgibt. Übersendet aber beispielsweise ein Kaufmann einem anderen Waren zur Besichtigung, so stellt diese Kaufofferte[11] ein Handelsgeschäft dar, so daß der Adressat die beweglichen Sachen wegen anderer Forderungen retinieren kann. An dieser Retentionsmöglichkeit ändert nichts, daß in dem bloßen Entgegennehmen dieser unbestellten Waren seitens des Adressaten noch kein fertiges Handelsgeschäft zu erblicken ist. Es liegt trotzdem bereits eine rechtsgeschäftliche Willenserklärung vor.[12]

---

[6] *Hahn*, Kommentar, Bd. 2, Art. 313, § 9; *Planitz*, S. 13; A. A. *Goldschmidt*, Handbuch, 2. Bd., S. 1047; *Makower*, S. 1116.

[7] RG 26, 58; ROHG 19, 372.

[8] ROGH 6, 197.

[9] *Staub*, § 369, Anm. 26; *Anschütz* und *Völdendorff*, Kommentar, 3. Bd., S. 198.

[10] *Lehmann-Ring*, S. 88; *Staub*, § 369, Anm. 26.

[11] *Schlegelberger*, S. 207; A. A. *Hahn*, Kommentar, 2. Bd., Art. 313, § 11 und Anm. 16.

[12] *Schlegelberger*, S. 207; A. A. *Hahn*, Kommentar, 2. Bd., Art. 313, § 11 und Anm. 16.

## VI. Abschnitt.

## § 9.

## Der Ausschluß des kaufmännischen Zurückbehaltungsrechts.

Das KZR ist ausgeschlossen, wenn die Zurückbehaltung der von dem Schuldner vor oder bei der Übergabe erteilten Anweisung oder der von dem Gläubiger übernommenen Verpflichtung in einer bestimmten Weise mit dem Gegenstande zu verfahren, widerstreitet, § 369, Abs. 3, HGB.

Diese Bestimmung erfordert eine sorgfältige Interpretation. *Cosack*[1] führt u. a. folgende Fälle als unter das Anwendungsgebiet des Abs. 3 fallend an: „Wenn der Gläubiger die Sache zur Ausbesserung übernommen habe, so liege darin stillschweigend die Zusage, die Sache nach erfolgter Ausbesserung baldigst dem Schuldner zurückzugeben. Ebenso sei, wenn die Gläubiger Sachen des Schuldners zur Verwahrung übernommen habe, oft als stillschweigende Abrede zu unterstellen, daß der Gläubiger die Sachen jederzeit auf Verlangen des Schuldners zurückzugeben habe." *Cosack* versteht demnach unter „einer bestimmten, der Zurückbehaltung widerstreitenden Weise" jede Festsetzung nach der der Gläubiger etwas anderes tun, als weiter im Besitze bleiben soll. Eine solche Festsetzung liegt aber jeder Besitzerlangung nach § 369 HGB zugrunde.[2] Die Folge der *Cosack*schen Anschauung wäre die Aufhebung[3] des Abs. 1 durch den Abs. 3 des § 369 und somit eine völlige Unanwendbarkeit des KZR. Welcher Schuldner hat wohl die Absicht, lediglich dem Gläubiger auf seine Kosten ein Befriedigungsrecht einzuräumen? Soll das KZR überhaupt anwendbar sein, so wird man die Zurückbehaltung nur dann versagen können, wenn sie einer ausdrücklichen, besonderen Bestimmung, respektive Verpflichtung des Gläubigers in einer bestimmten Weise mit den beweglichen Sachen zu

---

[1] *Cosack*, Lehrbuch, S. 123.

[2] *Staub*, § 369, Anm. 40.

[3] *Staub*, § 369, Anm. 40.

verfahren, widerstreitet.[4] Das Zurückbehaltungsrecht bedeutet an sich nichts anderes als ein Zurückbehalten dessen, was man eigentlich zurückgeben müßte.

Aber das KZR würde unzulässig sein, falls der Gläubiger z. B. die besondere Verpflichtung übernommen hätte, nach Erledigung des Verwahrungsvertrages die beweglichen Sachen dem Schuldner zurückzugeben. Inwiefern man juristisch von einem „Zufall" reden kann, von dem in diesem Falle das Bestehen der Herausgabeverpflichtung nach *Makower* abhängen soll,[5] kann dahingestellt bleiben. Das KZR ist sonach unzulässig in den Fällen der Verkaufskommission, solange der Verkaufsauftrag besteht, sowie dann, wenn Waren dem Handlungsagenten, Spediteur, Frachtführer zum Zwecke der Ablieferung an Dritte übergeben sind.[6] Verweigert jedoch der Dritte die Annahme, so können die Sachen nunmehr vom Agenten usw. retiniert werden, weil dann die aus dem unterliegenden Verhältnis entspringende Verpflichtung, die Sachen nicht zu behalten, nicht mehr in Frage steht.

Die Vorschrift des Absatzes 3, § 369 ist ein Ausfluß des Handel und Verkehr beherrschenden Prinzips von Treu und Glauben.[7] Mit der Zahlungsunfähigkeit des Schuldners schwindet ihm gegenüber auch diese Rücksicht auf Treu und Glauben und die ihn schützende Bestimmung des Absatzes 3 dahin. Das sogenannte Notzurückbehaltungsrecht (§ 370 HGB), das auch im Widerspruch zu einer Anweisung des Schuldners oder zu einer übernommenen Verpflichtung ausgeübt werden kann, gewährt dem Gläubiger noch stärkeren Schutz. Näheres Eingehen darauf verbietet das Thema. Es sei nur noch bemerkt, daß der Schuldner die Ausübung des KZR durch Sicherheitsleistung abwenden kann. Eine Sicherheitsleistung durch Bürgen ist aber auch hier ausgeschlossen, § 369, Abs. 4, HGB.[8]

---

[4] *Staub*, § 369, Anm. 40; *Düringer-Hachenburg*, 2. Bd., S. 572; *Schlegelberger*, S. 216.

[5] *Makower*, S. 1126.

[6] *Staub*, § 369, Anm. 46, 48; *Düringer-Hachenburg*, 2. Bd., S. 573

[7] *Düringer-Hachenburg*, 2. Bd., S. 572.

[8] BGB § 273, Abs. 3, S. 2.

# Zweites Kapitel.

## VII. Abschnitt.

### § 10.

### Der Zweck und die Rechtsnatur des kaufmännischen Zurückbehaltungsrechts.

Der Kaufmann steht im Verkehr, groß ist die Welt des Verkehrs und die Zahl derer, zu denen er in geschäftlichen Beziehungen steht. Die Kreditwürdigkeit aller dieser Personen zu kennen, ist ihm unmöglich, aber Kredit muß er geben: ohne Kreditgewähr kein Kundenkreis!

Er darf aber den Kredit nicht leichtsinnig geben, dem Geben von Kredit muß ein Nehmen von Sicherheit gegenüberstehen. Verlangt er nun Sicherheit, etwa im Wege der Pfandbestellung, Stellung von Bürgen, so werden sich das seine Kunden nicht gefallen lassen. Im Handelsverkehr ist es unpraktisch, dem Kontrahenten von vornherein ein Mißtrauensvotum zu erteilen. Da hilft das KZR, das für den Kaufmann ein ideales Deckungs- und Befriedigungsmittel ist: durch Retention kann er zu seinem Gelde kommen: Der Retinent hat die Befugnis, die zurückbehaltenen Sachen des Schuldners zum Zwecke der Befriedigung seiner Forderung zu verkaufen und sich aus dem Erlöse in Höhe seiner Forderung bezahlt zu machen, § 371, Abs. 1, S. 1 und Abs. 2, vorausgesetzt, daß er einen vollstreckbaren Schuldtitel hat,[1] § 371, Abs. 3, HGB.

---

[1] So auch die herrschende Meinung: *Staub*, § 371, Anm. 4, 5; *Düringer-Hachenburg*, S. 585, Bd. 2; A. A. *Makower*, S. 1133, Bd. 2.

Das KZR dient also der Befriedigung für eine Forderung. Neben einem Forderungsrecht steht das Befriedigungsrecht. Diesem Nebeneinander von Forderung und Zurückbehaltung entspricht auch eine Nebeneinanderstellung der aus ihnen erwachsenden Ansprüche und Klagen, durch die sich der Retinent den Schuldtitel verschaffen kann. Er kann klagen: aus dem Forderungsrecht,[2] dessentwegen er das KZR geltend macht, dann macht er eine persönliche Schuldverpflichtung des Retentionsgegners geltend, er klagt z. B. auf Zahlung des Kaufpreises, Lagergeldes, er erstrebt eine Befriedigung im Wege der Zwangsvollstreckung, § 371, Abs. 3, HGB.[3]

Er kann aber auch klagen:

Kraft des KZR „auf Gestattung der Befriedigung", § 371, Abs. 3, 4, gegen den Schuldner als Eigentümer,[4] im Falle des ZR an eigner Sache — § 369, Abs. 1, S. 2 — gegen ihn als Quasieigentümer, im Falle des Abs. 2, § 369 gegen den gegenwärtigen Eigentümer. Immer aber macht diese Klage die Sachhaftung des Eigentümers geltend, nicht die persönliche Schuldhaftung. Die rechtskräftige Verurteilung des Retentionsgegners auf Grund der Klage aus dem KZR hat die Befriedigung nach den Rechtssätzen des Pfandverkaufs, BGB, §§ 1234ff., zur Folge.[5]

Das KZR besteht neben und für das Forderungsrecht, es „fließt aus dem vereinten Auftreten des Besitzes an schuldnerischer Ware mit einem Forderungsrechte des Gläubigers",[6] es ist aber nicht selbständig verfügbar. Das sagen die Worte des § 369, Abs. 1, S. 1: „zwischen ihnen geschlossen". Es ist deshalb kein

---

[2] *Düringer-Hachenburg*, Bd. 2, S. 585; *Planitz*, S. 25.

[3] *Düringer-Hachenburg*, Bd. 2, S. 585; *Planitz*, S. 25.

[4] *Staub*, § 371, Anm. 6.

[5] *Düringer-Hachenburg*, Bd. 2, S. 586.

[6] *Planitz*, S. 31ff.

„Gegenstand".[7] Weil nun das KZR kein Gegenstand ist, gehört es nicht zu den Rechten im engeren Sinne, zu den anspruchgeschützten Rechten:[8] denn in keine der zwei Gruppen, in die diese nach *Sohm* zerfallen,[9] läßt es sich einreihen: Zu den Rechten des Personenrechts gehört es nicht, denn das KZR macht nicht, wie es für diese begriffsnotwendig[10] ist, eine persönliche Eigenschaft ihres Trägers geltend. Zu der anderen Gruppe, den Rechten des Vermögensrechts gehört es nicht, denn diese sind, begriffsnotwendigerweise[11] „Gegenstände des verfügungsgeschäftlichen Verkehrs", das KZR aber ist, wie oben ausgeführt, kein „Gegenstand".

Was ist nun das Wesen des KZR? Gehört es zu den Rechten im weitesten Sinne, zu den lediglich rechtfertigenden Rechten — diesen ist das Fehlen des Anspruchs charakteristisch[12] —, oder ist es eine Rechtsposition? *Planitz*[13] hat an die Möglichkeit, das KZR als eine Rechtslage aufzufassen, gedacht, diesen Gedanken jedoch bekämpft. Aber seine Gründe gegen die Auffassung des KZR als einer Rechtslage sind zu einer erfolgreichen Widerlegung noch nicht hinreichend. Schon sein erster Gegengrund: „das KZR gehöre deshalb zu den Rechten im weitesten Sinne, denn es genieße den Rechtsgüterschutz des § 823, Abs. 1", ist nicht stichhaltig. Denn damit würde noch nicht gesagt sein, daß das KZR als „rechtfertigendes Recht" geschützt werde. Ferner fehlt die Begründung, weshalb der Schutz des § 823, Abs. 1, eingreift und

---

[7] *Planitz*, S. 31ff.

[8] Das System der Rechte des BGB ist maßgebend auch für das HGB.

[9] *Sohm*, „Der Gegenstand", S. 84, 88ff.

[10] *Sohm*, „Der Gegenstand", S. 84, 88ff.

[11] *Sohm*, „Der Gegenstand", S. 84, 88ff.

[12] *Sohm*, „Der Gegenstand", S. 84, 88ff.

[13] *Planitz*, S. 33.

nicht der Schutz des Abs. 2 des § 823. Wollte man das KZR als eine Rechtsposition auffassen, so würde für das KZR der erweiterte Rechtsgüterschutz des § 823, Abs. 2, gelten, der auch die Rechtsposition des Besitzes schützt. Erst durch die Widerlegung der Möglichkeit, daß der Abs. 2 des § 823 eingreifen könne, würde meines Erachtens die Anwendbarkeit des Abs. 1 des § 823 begründet und damit zugleich die Auffassung des KZR als eines rechtfertigenden Rechtes begründet werden. Auch der von *Planitz* weiter geltend gemachte Grund[14] gegen die Auffassung des KZR als einer Rechtsposition: „beim KZR erstrecke sich die Beweislast des Gläubigers nur auf die Entstehung, nicht wie bei der Rechtslage des Besitzes auch auf das Fortbestehen desselben“ erscheint anfechtbar. Denn nach allgemeinen Rechtsregeln hat der sein KZR geltend machende Gläubiger die Voraussetzungen seines Rechtes zu beweisen und zu diesen gehört auch sein Fortbestehen. Das sagen die Worte des § 369, Abs. 1, „sofern er sie noch im Besitze hat“. *Planitz* führt weiter aus: „Das KZR gehöre zu den Rechten im weitesten Sinne, ohne lediglich rechtfertigender Natur zu sein. Seine Wirkung erschöpfe sich nicht in der Rechtfertigung der Zurückbehaltungshandlung, es gebe einen Anspruch.“ Aber es ist ja gerade das Wesen des rechtfertigenden Rechtes, daß es lediglich rechtfertigender Natur ist! *Planitz* kann das KZR nicht in die Gruppe der rechtfertigenden Rechte einreihen, wenn deren begriffsbestimmendes Merkmal, die lediglich rechtfertigende Natur, also das Fehlen des Anspruchs nach seiner Auffassung beim KZR nicht zutrifft.

Sonach ist durch *Planitz* nicht widerlegt, daß das KZR keine Rechtslage sei, andererseits ist nicht begründet, daß das KZR unter die rechtfertigenden Rechte falle. Für die Auffassung des KZR als eines

[14] Siehe zu folgender Ausführung: *Planitz*, S. 33.

rechtfertigenden Rechts und damit zugleich gegen die Auffassung des KZR als einer bloßen Rechtslage, gilt vielmehr eine ganz andere und zwar folgende Erwägung: Der Anspruch, den das KZR geltend macht, ist lediglich der aus dem Forderungsrecht entspringende Anspruch. Einen selbständigen Anspruch erzeugt das KZR nicht.

Das KZR rechtfertigt, daß der **Forderungsanspruch als Befriedigungsanspruch** aus dem zurückbehaltenen körperlichen Gegenständen geltend gemacht wird. Darum ist das KZR ein **„rechtfertigendes Recht.“**

FSC
www.fsc.org
MIX
Papier | Fördert
gute Waldnutzung
FSC® C083411

Kolibri 360 GmbH
Ferdinand-Jühlke-Straße 7
99095 Erfurt, Deutschland
produktsicherheit@kolibri360.de